儿童
亲子教育课程
the parenting children course

给育有0至10岁
孩子的父母

> 来宾手册
Guest Manual

儿童亲子教育课程—— 来宾手册（简体版）
The Parenting Children Course - Guest Manual
(Simplified Chinese version)

出版者 Published by AAP Publishing Pte Ltd
版权所有 © Alpha International 2011
alpha.org

圣经经文取自新标点和合本 (The Holy Bible, Chinese Union Version with New Punctuation) 蒙允使用。版权所有 © 联合圣经公会1988, 1989, 1996.

ISBN: 978-981-07-5928-5

Distributor : Canaanland Distributors Sdn Bhd
Address : No. 25, Jalan PJU 1A/41B, NZX Commercial Centre
Ara Jaya, 47301 Petaling Jaya, Selangor, Malaysia
Telephone : +603 7885 0540/1/2 (3 lines)
Email : info@canaanland.com.my
Website : www.canaanland.com.my

目 录

本手册是专为配合儿童亲子教育课程DVD或现场讲课而设计的，如欲了解如何参加课程或举办课程，请参看第80页。

致 谢

由衷感谢以下协助与鼓励我们制作儿童亲子教育课程的人士：

罗伯·帕森斯（Rob Parsons），谢谢你的著作与演讲所给予的灵感、实例和故事。

罗斯·甘伯（Ross Campbell），感谢你书中的真知灼见，尤其有关管理怒气方面。

盖瑞·查普曼（Gary Chapman），谢谢你的五种爱之语的观念，不但帮助了我们，也帮助了许多父母。

李力奇与李希拉
Nicky and Sila Lee

本书所采用有版权的材料经作者和出版社全力连络，并一一蒙允，谨在此致谢，如有任何不经意的遗漏，我们要向相关人士致歉，并保证必在将来所有版本中确保应有的版权声明。

本书第16页"建议睡眠时间"对照表，摘自苏·帕嫚（Sue Palmer）所著《有毒童年》（*Toxic Childhood*, Orion Books, 2006），蒙允转载。

第36页图表摘自苏·帕嫚的《有毒童年》，蒙允转载。

第64页的安全上网聪明守则（SMART）版权所有 © Childnet International 2002-2011，蒙允转载。网址：**childnet.com**

建立稳固的 根基

上集 家庭的角色

前言

- 渴望成为完美父母 —— 但这是不切实际又毫无助益的期望
- 养育子女没有速成公式或诀窍
- 面对不同情况和不同的子女,需要采取不同方法
- 某些原则是通用的
- 与其他父母讨论也很重要
- 现代生活节奏的挑战
- 父母必须投入足够的时间和精力于家庭生活

儿童亲子教育转轮

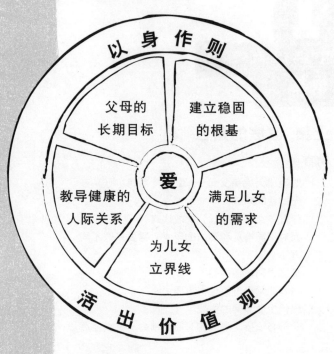

家庭的目的

1. 家庭提供支持

- 我们的子女将经历到：
  - 拒绝与排斥
  - 失望
  - 挫败
- 他们应该在家中经历到：
  - 接纳
  - 爱
  - 鼓励

2. 家庭提供乐趣

- 欢笑的价值
- 规划特别的家庭时间
  - 确保这个时间家里每个人都有空，没有答

儿童亲子教育转轮

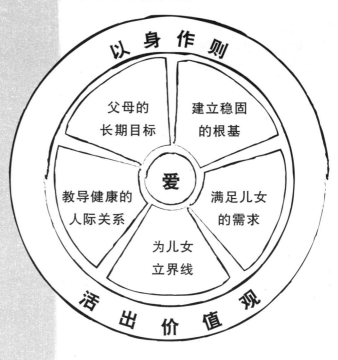

家庭的目的

1. 家庭提供支持

- 我们的子女将经历到：
  - 拒绝与排斥
  - 失望
  - 挫败
- 他们应该在家中经历到：
  - 接纳
  - 爱
  - 鼓励

2. 家庭提供乐趣

- 欢笑的价值
- 规划特别的家庭时间
  - 确保这个时间家里每个人都有空，没有答

1 建立稳固的根基

上集　家庭的角色

前言

- 渴望成为完美父母——但这是不切实际又毫无助益的期望
- 养育子女没有速成公式或诀窍
- 面对不同情况和不同的子女，需要采取不同方法
- 某些原则是通用的
- 与其他父母讨论也很重要
- 现代生活节奏的挑战
- 父母必须投入足够的时间和精力于家庭生活

应别人做其他事
- 避免有电话或他人干扰（除非是受邀的人，了解这是我们的"家庭时间"）

安排家庭时间之建议
- 尽量安排在每周同一时间
  - 至少花一个半小时开心地玩
  - 家庭成员轮流做主，选择要从事的活动
  （请参考19-20页家庭作业练习1的"活动建议"）

- 安排在用餐时间
- 让家人轮流选择最喜爱的菜单 —— 当孩子们够大时，可借此机会教他们烹调各自最喜爱的食物
- 确保对话和活动与孩子的程度相当
- 如果家庭时间是安排在周间晚上，就要协调好做功课、练琴等等的时间（至于要排在之前或之后，可视孩子的年龄而定）
- 把电视关掉，或者限制只能一起看某一个节目或DVD

3. 家庭提供道德指标
- 孩子会从家人身上学到好行为和坏行为
- 他们学到各种价值观：如
  - 为他人设想
  - 负责任
  - 帮忙做家务

4. 家庭是孩子学习互动的地方
- 孩子通过经验、观察与练习，学习到家中各种不同的关系：
  - 父母 —— 孩子
  - 妈妈 —— 爸爸
  - 手足 —— 手足

－祖父母——孙子女

－叔伯婶姨、堂表等

经验：亲子关系

· 孩子从感受父母无条件的爱来学习爱他人。

"……地上最强大的力量莫过于无条件的爱，我认为如果你给你的孩子无条件的爱，那么你已经做对九成了。可能有些日子你不喜欢这爱——这爱并非不加批评；那完全是另一回事——但知道无论如何你总是可以回家，这对人生的意义甚大。这爱带给人的帮助非常非常多，假如每个父母都能从子女还小的时候就给他们这样的爱，我相信他们都能成为更好的人。"

华伦·巴菲特（Warren Buffett）
Yahoo! News and The Huffington Post 8 July 2010

· 让子女感到自己完全被接纳是很重要的
· 我们的爱与接纳能造就孩子以下各项，进而建立自信心：
  －安全感（知道他们被爱不是因为做了什么，而是因为他们是谁）
  －自我价值感（知道他们是有价值的人——他们的自我价值是基于他们认为父母是怎么看他们的）
  －有意义（知道他们的人生有目的，他们可以做出有价值的贡献）
· 终极的安全感、自我的价值与意义，是来自于神
  －我们效法神养育他儿女的榜样
  －父母是神在地上的代表

"我们爱，因为神先爱我们。"

圣经
约翰一书4章19节

观察：妈妈—— 爸爸（和其他成年人）的关系

- 孩子会通过观察成人之间的关系来学习与人相处
  - 我们身为父母，如何彼此交流和倾听
  - 我们通过肢体语言传达爱意
  - 我们是否尝试解决冲突、如何解决
- 孩子需要亲眼看到成人示范什么是亲密、委身的关系（如欲进一步了解，请上网站 **relationshipcentral.org** 查询）
- 夫妻可以考虑一起参加"美满婚姻课程"，以巩固你们之间的关系
- 若父母无法一起养育儿女（如单亲家庭），请尽可能与孩子的爸爸（或妈妈）维持良好关系（尝试解决冲突、彼此饶恕、养育态度一致等等）

练习：手足—— 手足（和其他同辈）的关系

- 孩子学习建立关系是通过与手足和朋友的交往来练习
  - 如何一起玩
  - 如何分享
  - 如何处理争执
  - 如何道歉与原谅

笔记

练习

评估你对子女的养育现况

如果你的孩子已经够大，适合下列情况，请就自己养育子女的现状进行评估。否则，请以自己当年身为子女所接受的养育方式来填写（因我们发现我们常仿效上一代的方式来养育自己的儿女）。请诚实作答！然后与他人分享你希望有些什么样的改变。

	读完每一项叙述后在适合的格子里打勾				
	从来没有	很少	偶尔	通常是	向来如此
我们至少每周有一次特别的家庭时间，全家人聚在一起	☐	☐	☐	☐	☐
每周我都花一些时间和我的孩子做些好玩有趣的事	☐	☐	☐	☐	☐
每周有好几次我们全家人同桌吃饭（不是边看电视边吃）	☐	☐	☐	☐	☐
我经常告诉子女我爱他们，我给他们的赞美比批评多	☐	☐	☐	☐	☐
我控制我的孩子看电视和玩电脑游戏的时间	☐	☐	☐	☐	☐
我给孩子时间和机会跟我讲话；我会聆听他们关心的事	☐	☐	☐	☐	☐
我知道我孩子的朋友是哪些人，我知道我的孩子在学校最喜欢做什么，也知道他们最爱吃什么	☐	☐	☐	☐	☐
我的子女可以坦诚地跟我说话，如果我有什么让他们不高兴的事，他们也会告诉我	☐	☐	☐	☐	☐
我在管教子女的时候懂得自制	☐	☐	☐	☐	☐
我／我们已经协调出子女行为的界线，并且言行一致地执行	☐	☐	☐	☐	☐
我跟我的孩子谈我的信仰和价值观	☐	☐	☐	☐	☐
我经常为孩子祷告，也将属灵的价值观传递给他们	☐	☐	☐	☐	☐
我与孩子的爸／妈讨论关键的养育问题，并已达成一致的意见	☐	☐	☐	☐	☐

小组讨论

1. 你能否记得成长过程中，曾有某个特别时刻，你深刻感受到家人的支持？

_____

_____

2. 你的成长过程是否有欢乐的家庭生活？若有，是在什么时候？

_____

_____

3. 在什么时候（／情况下），你的家里会充满欢声笑语？

_____

_____

4. 哪里是最能让你的孩子学会建立健康关系的地方？

_____

_____

5. 为了经营好家庭里的各种关系，你能做些什么？

_____

_____

家庭作业—— 完成第19-20页的**练习1**

下集 健康的家庭生活模式

设定目标

- 拥有我们家庭生活的愿景
- 驻足思考我们想要达到的目标
- 二十年后,子女对我们和家会有什么回忆?

家庭生活的目标

子女成年后,当回忆起成长岁月时会不会联想到以下事情:

- 全家一起欢聚的时光?
- 有人倾听心事?
- 碰到艰难抉择时可以找家人好好谈谈?
- 得到鼓励和肯定?
- 个人独特的个性与恩赐被看重?
- 知道他们是被疼爱的?
- 学到重要的价值观如诚实、慷慨等?
- 学习考虑他人?
- 有人在为他们祷告?
- 家人会为了他们的益处设立清楚的界线?
- 看到仁慈的榜样?

---

1. 玩很重要

> "那些人类自古以来就乐于参与的活动(奔跑、攀爬、装扮、制作以及分享),被一种个人独自长期久坐荧幕前的生活型态所取代,这是科技革命带来的一大副作用。"

《有毒童年》作者苏·帕嫚
Sue Palmer, Toxic Childhood

- 运用想象力
- 学习一些技巧
- 自己玩
- 跟别人玩

- 在室内玩也在户外玩
- 限制荧幕使用时间

建议看电视的时间限制	
孩子的年龄	时间长度
3 岁以下	不可曝露在荧幕前
3 至 7 岁	每天 30 至 60 分钟
7 至 12 岁	每天 60 分钟
12 至 15 岁	每天 90 分钟
16 岁以上	每天 2 小时

资料来源：艾立克·西格玛博士（Dr. Aric Sigman）

2. 培养感情很重要

- 对孩子来说，爱就是花**时间和他**在一起
- 孩子对时间的需要是质、量并重的
- 孩子出生后的头18个月很重要
- 主要照顾我们孩子的人是谁？
- 要在养育子女和工作间找到平衡点并不容易
  - 在家工作
  - 全职／兼职
- 花时间和孩子在一起，比光用嘴巴说爱孩子更有力
- 我们需要为生活中的各种事情**安排优先顺序**
  - 学习对孩子说"好"，而对其他的人或事说"不"
  - 唯有家庭是我们责无旁贷的地方
- 我们需要学习**规划**时间
  - 能与我们最珍爱之人共度的时光，并非一件自然而然就能发生的事
  - 已婚者，需规划每周都有"夫妻时间"
  - 为人父母者，需规划每周有"家庭时间"
  - 和每个孩子安排一对一的时间
  （第二课的下集将详细讨论）

- 我们需要**保护**我们的时间以免被以下事物占满
  - 电视
  - 电话
  - 其他人
  - 我们的工作

3. 建立固定的作息

- 固定的作息时间带来稳定和安全感
- 作息固定有利于孩子的健康成长
- 用餐时间固定
  - 有助于养成健康的饮食习惯
  - 让全家人有机会在一起
  - 家人同桌共餐好处多
- 就寝时间
  - 孩子一定要睡眠充足（参见下表）
  - 沐浴时间、讲故事时间、祷告时间
  - 提供自然而然的机会把我们的价值观讲给孩子听，传递给他们
  - 在各层面上都有沟通管道
    - 情感上的
    - 身体上的
    - 灵性上的

建议睡眠时间		
	年龄	建议睡眠时间（每日）
婴儿	3 至 11 个月	14 至 15 小时
幼儿	12 至 35 个月	12 至 14 小时
儿童	3 至 6 岁	11 至 13 小时
较大的孩子	7 至 11 岁	10 至 11 小时

来源：《有毒童年》，作者苏·帕嫚

5 周课程使用
小组讨论

1. 你能否记得成长过程中，曾有某个特别时刻，深刻感受到家人的支持？

_____

_____

2. 你的成长过程是否有欢乐的家庭生活？现在你们全家在什么时候玩得最开心？

_____

_____

3. 什么事情让你忙到抽不出时间陪子女？

_____

_____

4. 你们的家庭生活是否已有固定的作息时间？（例如：周间有一次家庭时间，固定的用餐时间和就寝时间）

_____

_____

5. 你希望能培养什么新的作息时间？

_____

_____

家庭作业—— 完成第19-22页的**练习1**和**2**

建立稳固的根基 | 17

小组讨论

1. 身为父母，你养育儿女的主要目标是什么？

_____

_____

2. 有什么事（或怎样才）能帮助你的孩子投入健康的玩耍？

_____

_____

3. 什么事情让你忙到抽不出时间和子女在一起？

_____

_____

4. 在你的家庭生活中，有哪些事已经形成了固定的作息？（例如：每周一次家庭时间，周末时光、用餐时间和就寝时间）

_____

_____

_____

5. 你希望能培养什么新的作息时间？

_____

_____

家庭作业 — 完成第21-22页的练习 **2**

家庭作业 🖊

练习 1

规划家庭时间

本周（或尽快）就规划一个家庭时间：

在＿＿＿＿＿＿＿＿（日期）我们要有一个家庭时间

我们计划全家一起做：

＿＿＿＿＿＿＿＿＿＿＿＿＿＿＿＿＿＿＿＿＿＿＿＿＿＿＿＿＿＿＿＿＿＿

＿＿＿＿＿＿＿＿＿＿＿＿＿＿＿＿＿＿＿＿＿＿＿＿＿＿＿＿＿＿＿＿＿＿

（和你的孩子一起计划一项特别的活动，也可以保密，到时给孩子一个惊喜）

活动建议：

1. 去公园玩；踢足球；丢飞盘等等
2. 玩扑克牌、下象棋、西洋棋等
3. 玩比手画脚（做动作猜字谜）：孩子最爱看父母猜不出来的样子了！
4. 玩着色游戏、画画等（不妨尝试给彼此画素描）
5. 堆积木、玩小汽车或玩具士兵
6. 过家家、或玩妆扮的游戏
7. 大家一起动手，做个新鲜菜品
8. 一起做东西或修理东西
9. 玩捉迷藏或丢手帕之类的游戏
10. 全家一起去散步或骑车
11. 一起去划船
12. 去野餐（无论晴雨！）
13. 一起煎薄饼
14. 溜滑轮（rollerblading，记得要穿好护具！）
15. 去游泳
16. 规划寻宝游戏，比方从房间里找出26个英文字母
17. 朗读一本好书（*例如：老少皆宜的纳尼亚传奇*）
18. 看相簿或观赏家庭录影带／DVD
19. 录音制作家庭新闻报导，然后寄给某个不常见面的好朋友或亲人

请翻面 ⇨

20. 玩全家都能参与的桌上游戏（board game）—— 如大富翁（Monopoly），Scrabble, Sorry, Trivial Pursuit…等

21. 唱最爱的歌曲或朗诵童谣（也可以用自制乐器伴奏）

22. 运用杂志上剪下来的图片、旧钮扣、碎布等制作一幅拼贴画

23. 用照片和消息制作一个家庭网站

24. 制作一简单的冬季鸟类喂食器，挂在大家都看得到的地方

25. 制作布偶并演一出布偶剧

26. 烤肉，可以烤带皮的香蕉—— 纵向剖开，里面填入巧克力！

27. 拜访长辈

28. 一起听故事CD（很多给幼儿的童话故事或圣经故事绘本都有附光盘）

29. 鼓励孩子画一幅彩色的图画，寄给祖父母，较大的孩子可以写信

30. 打羽毛球、篮球、高尔夫球等，你的孩子喜欢的球类运动

31. 带孩子到爸爸或妈妈工作的地方参观一下

32. 在纸上画家庭树，全家一起完成家谱，如果有照片，不妨贴上去

33. 给每人一张大纸，互相轮流描绘身体轮廓在纸上，然后涂色，成为真人图像

34. 秋天时收集各种落叶，压在书本里

35. 全家一起计划援助一个落后国家的孩子

36. 到住家附近散步，认识小区环境

37. 用剪贴簿一起描述最喜爱的节日或任何特殊活动（可贴照片、画图、文字、纪念品等）

38. 写一出哑剧来演出，或者玩比手画脚（由一人做动作，其他的家人猜字）

39. 一起去外面商店吃冰淇淋、喝热巧克力或冰奶昔

其他好点子：

_____

_____

_____

练习 2

健康的习惯

在养育子女这个问题上，你希望在哪些方面有所改变？

1. 身为父母，我的最大目标是：

i. _____

ii. _____

iii. _____

2. 你的孩子会不会从更积极而有创意的游戏中获益更多？ 会／不会

如果会，我应该如何鼓励／允许我的孩子更有创意的玩：（请写出方法）

_____

3. 你希望在家庭生活中引入那些新的固定作息活动？（例如：每周有一次"家庭之夜"，全家围坐一桌用餐，固定就寝时间，在周末安排一些特别的活动，或全家一起出游）

每天：

• _____

• _____

每周：

• _____

• _____

请翻面 ⟹

练习 2（接上页）

每年：

- _____

- _____

4. 生活中有那些事会与这些活动产生冲突？

- _____

- _____

- _____

5. 你能做出那些改变／牺牲，好让这些新的作息活动可以固定下来？

- _____

- _____

- _____

2 满足 儿女的需求

复习

第一课—— 建立稳固的根基

家庭的目的
- 家庭提供支持
- 家庭提供乐趣
- 家庭提供道德指标
- 家庭提供与人相处的榜样

建立健康的家庭生活
- 健康的玩
- 健康的情感连结
- 健康的作息规律
  - 每日：用餐时间／就寝时间
  - 每周：创造一起欢乐的"家庭时间"

> **讨论：**
>
> 第一课与你最切身相关的是哪一部分？上完以后，你是否筹办过"家庭时间"？

上集 五种爱之语：
言语和肢体的接触

有行动的爱
- 自信心是因知道自己是为人所疼爱而建立
- 自信心使我们得以：

- 在必要时敢于与众不同
- 建立亲密的关系
- 我们的孩子都有"情感水槽"（emotional tank），需要常保盈满
- 他们的行为表现就是情感水槽存量的指示器

表达爱的五种方式

（本于盖瑞·查普曼，罗斯·甘伯合著《儿童爱之语》，中主出版）

1. 肯定的言词

- 我们的言词会影响儿女今后一生对自己的看法
- 赞美不可笼统随便 —— 要针对孩子的具体行为和特质予以赞美
- 肯定的言词能造就孩子，也会影响他们将来的行为表现与成就

> "黄金定律：孩子正在做一件对的事情的时候，抓住时机当场给予赞美。"
>
> 摘自《学习放手让孩子单飞》，新苗文化
> Steve Chalke, *How to Succeed as a Parent*

- 练习多赞美成功，少批评失败
- 纠正孩子的错误时不要带着谴责

2. 爱的肢体接触

- 肢体的接触对孩子非常重要 —— 对女孩和男孩一样重要
- 这是把我们的爱传递给孩子的重要方式
- 对某些父母来说并不太容易自然地表达
- 我们都可以学习
- 让关爱的肢体接触成为日常生活的一部分

5周课程使用

练习

使用言语与肢体的接触

回答以下两个问题，然后找一、两个人互相讨论你们的答案。

1. 给予孩子肯定的言词和关爱的触摸，对你来说，是不是很自然的事？

2. 这和你自己的童年经验有关吗？

10周课程使用

小组讨论

1. 你孩子的"情感水槽"快枯干时，会有什么征兆？

2. 你有没有听过"五种爱的语言"？若有，这观念对你的人际关系有怎样的助益？

请翻面 ⇨

3. 你如何自然而然地对孩子说肯定的言词？这与你的童年经验有关吗？

_____

_____

4. 有什么可以帮助你给孩子多些赞美、少些批评？

_____

_____

5. 你能自然地给孩子关爱的触摸吗？这与你的童年经验有关吗？

_____

_____

家庭作业—— 完成第31-32页的**练习1**和**2**

下集　五种爱之语：
时间、礼物和行动

3. 一对一的时间

- 孩子都渴望获得我们的关心与注意
- 跟每一个孩子都有特别的时间能培养他们的自尊心，和与他人相处的能力
- 作父母的可能不容易发觉孩子需要一对一的时间而给予满足
- 孩子越多，就越需要刻意安排一对一相处的时间
- 跟每个孩子都有一对一的时间可保持沟通管道畅通
- 可以改变一个孩子的行为
- 眼神的接触：
  - 可以有正面和负面的作用
  - 孩子是通过模仿来学习——如果我们做，他们也会照做
  - 当孩子还是婴儿时，这很容易做到——但不要随着他们逐渐长大就放弃眼神的接触
  - 好的眼神接触与"主动聆听"相辅相成

"眼神接触的重要性不仅在有助于跟孩子的良好沟通，更能填满他或她的情感需求。"

《如何爱你的孩子》作者罗斯·甘伯，大光出版
Ross Campbell, *How to Really Love Your Child*

4. 精心的礼物

- 送礼物不一定要很贵重
- 礼物可以具有很高的情感价值
- 不可用礼物来取代言词、时间或触摸
- 当孩子想通过送礼来向你表达爱意时，你要能够明白
- 教导他们等候的价值（"延迟满足"）

5. 贴心的行动

- 对父母来说这类机会很多！
- 孩子们通常会认为这是理所当然的
- 一定要教导孩子当我们或别人为他们做事之后，要表示感谢
- 应省察自己的心态—— 当我们为孩子做事的时候，是心甘情愿还是不甘不愿？
- 多让孩子尝试用仁慈、助人的行动来表达爱

用这五种爱的语言向儿女表达爱：

- 对孩子而言，总有某一两种爱之语比其他的更重要
- 当孩子渐渐长大，我们需要找出让他们感到被爱的主要方式和次要方式
- 特别留意运用主要的爱之语

小组讨论

1. 当你的孩子"情感水槽"快枯干时的征兆是什么？

_____

_____

2. 你是否记得童年时曾通过五种爱之语中的任何一种感受到父母的爱？

_____

_____

3. 在五种爱的语言（言词、触摸、时间、礼物、行动）中，哪一种最能让幼年的你感到被爱？

_____

_____

4. 你认为哪一种爱的表达对你的孩子效果最明显？

_____

_____

5. 五种爱之语中，你最不擅长哪一种？有什么能帮助你使用那种方式表达爱？

_____

_____

家庭作业—— 完成第 31-34 页的**练习 1-4**

10周课程使用

小组讨论

1. 你是否记得童年时曾通过五种爱之语中的任何一种感受到父母的爱?

_____

_____

2. 五种爱之语中（言词、触摸、时间、礼物、行动）哪一种最能让童年的你感到被爱?

_____

_____

3. 你认为哪一种爱的表达对你孩子的效果最明显?

_____

_____

4. 五种爱之语中，你最不擅长哪一种? 有什么能帮助你使用那种方式表达爱?

_____

_____

家庭作业—— 完成第32-34页的**练习3**和**4**

家庭作业 ✎

练习 1

五种爱之语的等级排列

如果你的孩子已经可以理解了，试着和孩子一起按照重要性排列五种爱之语，好让你们知道优先用哪种爱之语来表达爱。

你自己的爱之语

1. _____

2. _____

3. _____

4. _____

5. _____

配偶的爱之语（若在一起的话）

1. _____

2. _____

3. _____

4. _____

5. _____

孩子的爱之语

1. _____

2. _____

3. _____

4. _____

5. _____

孩子的爱之语（若不只一个孩子）

1. _____

2. _____

3. _____

4. _____

5. _____

（更多的孩子依此类推）

· 检查是否使用这五种爱之语向孩子表达爱

· 特别注意对每个孩子最重要的两种爱之语，要常常去表达

练习 2

给予鼓励

把你今天（或昨天）对孩子说的肯定、鼓励的话写出来；同时也把你对孩子说过批评的话写出来。

肯定的言词	批评的言词

哪一边比较长？假如批评的言词多过肯定的言词，本周内请刻意多说肯定的言词，以平衡过来。

练习 3

一对一的童年回忆

1. 小时候你的父母（双方或一方，或是照顾你长大的人）是否曾特别花时间单单和你在一起？请写出你的童年回忆。

_____

_____

练习 3（接上页）

2. 那些时光给你留下什么感觉？

_____

_____

3. 你准备怎样和每个孩子单独相处，以便给他们留下美好的回忆？（请分别写下你要和每一个孩子一对一相处的时间）

· 我打算用（一次多长的时间、以及多久一次）

_____

跟（哪一个孩子）_____

做（描述活动）_____

· 我打算用（一次多长的时间，以及多久一次）

_____

跟（哪一个孩子）_____

做（描述活动）_____

练习 4

让孩子承担责任

（只有当你的孩子够大，足以承担家务的责任，才需要完成这个练习。）

请按照孩子的年龄写出他（她）适合做的家事（或有大人从旁协助）

孩子的名字	年龄	家务责任
例如：约翰	3	洗澡时间之前把玩具整理好
例如：基拉	9	摆餐具 饭后协助洗碗盘 把自行车归位

3 为儿女立界线

复习

第一课—— 建立稳固的根基

家庭的目的?
- 家庭提供支持
- 家庭提供乐趣
- 家庭提供道德指标
- 家庭提供与人相处的榜样

建立健康的家庭生活
- 健康的玩
- 健康的情感连结
- 健康的作息时间
    - 每日：用餐时间／就寝时间
    - 每周：创造一起欢乐的"家庭时间"

第二课—— 满足儿女的需求

- 孩子有"情感水槽"，需要随时充满爱
- 五种表达爱的方式
    - 肯定的言词
    - 爱的肢体接触
    - 特别的时光
    - 精心的礼物
    - 贴心的行动

讨论：
本周你是否尝试用新的方式来应用五种爱之语中的一种？
如果你这样做了，效果如何？

"疼爱儿子的，
随时管教。"

圣经
箴言13章24节

"你们作父亲的，不要惹儿
女的气，只要照着主的教训
和警戒，养育他们。"

圣经
以弗所书6章4节

上集　有爱也要有界线

为什么要订界线？

- 无条件的爱是有效管教的基础
- 孩子渐渐长大，想要且需要知道界线在哪里，是谁在执行
- 管教能培养三件事：
  1) 自律（有道德、负责任的行为）
  2) 尊重权柄（父母和其他人）
  3) 安全感

界线订在哪里才合适？

- 极端的做法很危险 —— 无论是太严苛或太放任都是危险的
- 找出平衡点
- 要有权柄但不独裁，也不要溺爱或忽略孩子

四种养育风格

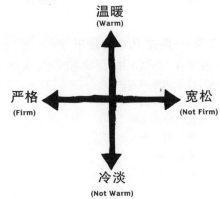

来源：《有毒童年》，作者苏·帕嫚

不同养育风格的实例

1. 理查德，10岁，因为听他朋友谈论某部电影，就想租DVD来看，但须提出满15岁的证明才能租得到。

   - 忽略型的父母会 ＿＿＿＿＿＿＿＿＿＿＿＿＿＿＿

   - 独裁型的父母会 ＿＿＿＿＿＿＿＿＿＿＿＿＿＿＿

   - 放任型的父母会 ＿＿＿＿＿＿＿＿＿＿＿＿＿＿＿

   - 权柄型的父母会 ＿＿＿＿＿＿＿＿＿＿＿＿＿＿＿

2. 安妮，4岁，在游乐场把另一个同龄的小女孩手中的球抢过来。

   - 独裁型的父母会 ＿＿＿＿＿＿＿＿＿＿＿＿＿＿＿

   - 放任型的父母会 ＿＿＿＿＿＿＿＿＿＿＿＿＿＿＿

   - 忽略型的父母会 ＿＿＿＿＿＿＿＿＿＿＿＿＿＿＿

   - 权柄型的父母会 ＿＿＿＿＿＿＿＿＿＿＿＿＿＿＿

怎样订界线？

1. 对与错的选择
- 教导孩子分辨什么行为可以接受、什么行为不能接受
- 跟孩子解释后果 —— 好行为带来愉快的结果，超越界线带来不好的后果
- 告诉孩子选择权在他们
- 教导孩子要对自己的行为负责

- 用描述式的赞美给作"正确选择"的孩子口头嘉奖
- 制作一张奖励表，每当孩子作了正确选择就贴一个星星，以鼓励他们继续这样做
- 至于"错误的选择"，父母要以"不良后果"作为反馈

2. 选择正确的战场

- 停下来思考
- 停下来想想你的孩子是不是

H _____

A _____

L _____

T _____

- 或是你呢？

3. 辨认自然的幼稚行为

- 辨认幼稚与不听话的差别
- 这将使你和孩子间的争战减少一半
- 依据孩子的成熟度调整你的期待

4. 保持幽默感

- 找出一些使气氛轻松的方式
- 和其他父母一起欢笑

练习

儿童自然会有的幼稚行为

想想不同年龄孩子的一些幼稚行为，然后找一、两个人讨论你所写的例子。

孩子年龄   **例子**

例如：2岁：   因为哥哥而分心，结果打翻了牛奶

* _____   _____

* _____   _____

* _____   _____

做父母的对于这些行为该有什么样的反应？幽默感能否派上用场？

* _____

* _____

* _____

小组讨论

1. 你倾向采取哪种养育风格？这是否因为你的父母就是如此管教你的？

_____

_____

请翻面 ⟹

练习（接上页）

2. 有什么可以帮助你选择正确的战场？

_____

_____

3. 你可以做些什么，以帮助孩子做更多"正确选择"？

_____

_____

4. 如果孩子作了"错误选择"，你会让他／她得到什么后果？

_____

_____

家庭作业—— 完成第44-45页的**练习1**

下集　帮助孩子作好的选择

1. **要公平，要清楚**
   - 他们是否够大，能够听得懂我们的指示？
   - 我们对孩子的期望是否高过他们的年龄？

2. **要用对语气**
   - 用严肃的声调来教导他们什么是"不可以"
   - 除非有危险，否则不要大声吼叫

3. **行动才有效果**
   - 吼叫和威胁是无效的

- 针对不良行为采取行动是很重要的：也就是说要将"不良后果"贯彻到底

4. 预先制止
- 转移注意力，例如：将孩子的注意力从导致冲突的问题中移开
- 订出你们自己的家规以避免经常性的争吵

5. 给孩子选择
- 让孩子有选择，对孩子学习负责很重要
- 对于不太重要的事情让孩子有选择，例如："你想要带哪一个玩具？"和"你要去玩沙，还是要去游泳？"
- 给予选择有助于化解冲突

6. 控制情绪
- 避免演变成吵架
- 父母的情绪反应会让孩子有一种可以操纵我们的感觉 —— 就像允许他们按下我们胸前的"红色按钮"，然后等着看我们作何反应，比如大发雷霆、追打、生气
- 找出一种能真实警告孩子的方式
- 不要被孩子的吼叫、闹脾气、或哭闹所操纵

7. 要切实执行后果
- 不要光用嘴巴威胁 —— 惟有当你真的会去执行结果时，才能警告孩子会有什么样的结果
- 找出有效的后果

8. 父母立场一致
- 当父母同时管教孩子时：
  - 协调出同一策略（可能需要一点妥协）
  - 要一致
  - 要互相支持

笔记

小组讨论

1. 在忽略型、独裁型、放任型和权柄型这四种养育风格中，你倾向采取哪种风格？这是否与你小时候受到的养育方式有关？

_____

_____

2. 想一想你自己的孩子，哪些情况是最难以管教的？

_____

_____

3. 你可以做些什么，以帮助孩子做更多"正确选择"？

_____

_____

4. 如果孩子做了"错误选择"，你会让他／她得到什么后果？

_____

_____

5. 什么有助于你选择正确的战场？

_____

_____

6. 面对孩子有不良行为时，你如何保持自制？

_____

_____

家庭作业——完成第44-46页的**练习1**和**2**

10周课程使用
小组讨论

1. 想一想你自己的孩子，哪些情况是最难以管教的？

_____

_____

2. 用本课的哪些原则来处理这些情况最有用？

_____

_____

3. 面对孩子不良行为时，你如何控制自己的情绪？

_____

_____

家庭作业——完成第45-46页的**练习2**

家庭作业 ✏

练习 1

结合温暖与严格

1. 回想你自己的童年，当年父母是怎么养育你的。你的父母（继父母）主要采取哪种养育风格：

☐ 忽略型（冷淡与宽松）？

☐ 独裁型（冷淡，严格）？

☐ 放任型（温暖，宽松）？

☐ 权柄型（温暖与严格）？

2. 你是否发现自己正在仿效父母的方式来养育孩子？还是恰恰相反？

_____

_____

3. 你希望对自己的孩子采取什么不同的方式？

_____

_____

_____

4. 思考 HALT（饥饿、焦虑、寂寞、疲倦）。其中那些情况是导致你的孩子出现不良行为的原因？

☐ 饥饿　　☐ 焦虑　　☐ 寂寞　　☐ 疲倦

5. 你能做什么来改变情况？

_____

_____

_____

练习 1（接上页）

6. 其中哪些情况对你来说也有类似的影响？

   ☐ 饥饿　　☐ 焦虑　　☐ 寂寞　　☐ 疲倦

7. 你能在哪些方面好好照顾自己，好作个称职的父母？（例如：睡眠充足些、固定时间小歇一下、做些运动、看医生、找成人朋友作伴）

（关于寻找支持的建议，请看《亲子教育》（暂译）第2章）

_____

_____

练习 2

鼓励孩子作对的选择

1. 今天你提供给孩子哪些选择？

_____

_____

2. 在这周你给做了"对的选择"的孩子什么奖励（愉快的结果）？

_____

_____

请翻面 ⟩

练习 2（接上页）

3. 这周你给做了"错误选择"的孩子什么不愉快的后果？

_____

_____

4. 有哪件事情通过父母的通力合作可以更有效解决？

_____

讨论这件事情，并尝试找出一致的方法。

（或许你们需要集思广益，想出各种可能的办法，然后选择一项试试看。几天或几周后再来检讨效果。）

可能的解决方法： 1. _____

2. _____

3. _____

4. _____

目前我们都同意用（从上述办法选出最好的一种）_____

_____

4

教导健康的
人际关系

复习

第一课—— 建立稳固的根基

家庭是为什么而设的？

- 家庭提供支持
- 家庭提供乐趣
- 家庭提供道德指标
- 家庭提供与人相处的榜样

建立健康的家庭生活

- 健康的玩
- 健康的情感连结
- 健康的作息时间
  - 每日：用餐时间／就寝时间
  - 每周：创造一起欢乐的"家庭时间"

第二课—— 满足儿女的需求

- 我们的孩子有"情感水槽"，需要常保盈满
- 五种表达爱的方式
  - 肯定的言词
  - 爱的肢体接触
  - 特别的时光
  - 精心的礼物
  - 贴心的行动

第三课—— 为儿女立界线

- 为孩子立适当的界线很重要

- 行为有界线可培养孩子的自律、尊重权柄，以及安全感
- 表现温柔与坚定（权柄型的养育风格）
- 分辨不听话与幼稚行为的差别
- 在孩子作出正确选择后一定要让他／她获得愉快的结果，比方获得称赞
- 当孩子作出错误选择后，要给予不愉快的后果，比方"暂停"
- 父母同心协力养育子女

讨论：

想想本周中有无需要你订出界线的例子，结果如何？

上集　以身作则和练习

倾听的力量

1. 给予全部的注意力

- 分辨出重要时刻，让孩子看到你在用心听
- 保持眼神接触

2. 对孩子的生活感兴趣

- 需要一番努力和慷慨的付出
- 聆听孩子讲他们感兴趣的事

3. 避免叫孩子闭嘴

- 重视他们的想法
- 容许他们表达负面的感受，如失望、尴尬、悲伤、焦虑和生气

4. 复述孩子说的话

- 把你认为孩子说了什么重复一次给他／她听
- 复述孩子说的某些话，但不要一字不差地模仿他们，那样做会令人生厌
- 重点是要如实反映出你认为孩子想要表达的感受，例如："听起来好像你觉得很不高兴、很失望或很伤心？"
- 反映式的倾听能帮助孩子说出心中的感受

跟手足和其他小朋友的关系

1. 珍惜每个孩子的特质

- 重视每个孩子的独特性
- 避免贴标签
- 不要为了夸奖一个孩子而贬低另一个孩子

2. 孩子吵架不见得要调解

- 给他们空间去调解自己的纠纷
- 保持中立 —— 不要总是怪大的孩子，也不要不分青红皂白就下结论
- 如果他们在彼此伤害就要介入
- 不容许刻薄的言词、也不许霸凌
- 预先解决经常引起纷争的问题：尽可能用轮流的方式

3. 安排全家在一起的时间

- 不要每次都分开各自吃饭
- 家里不要放好几台电视
- 策画全家相聚的晚上活动、出游活动、度假活动
- 一起做家务
- 让孩子尽情玩耍，做些幼稚游戏，出些洋相都无伤大雅；到户外嬉戏
- 不要总是由你来逗孩子开心；当他们觉得无聊，就会自己想游戏来玩
- 全家一起玩

笔记

4. 给每个孩子一些空间和隐私
- 有些孩子比较需要有自己的时间

5. 帮助孩子看见彼此的优点
- 让他们有彼此照顾的责任感

5和10周课程使用
练习

反映式聆听

1. 孩子说以下这些话的时候，可能隐含了什么感觉？

1）"我再也不要去学校了，我讨厌上学。"
2）"我们队赢了！"
3）"米雅和若沛不跟我玩了，她们说我太小，玩不了她们的游戏。"
4）"我们班上每一个人都画得比我好。"
5）"杰克把我的新车弄坏了。"
6）"我们足球比赛输掉了，我是守门员，我漏接了三个球。"
7）"我也想去，我真的够大了。"
8）"我讨厌萨姆，我再也不想跟他玩了。"

两人一组，一人扮演孩子（年龄在5至10岁之间），另一人扮演父母。"孩子"说一句上面的话，然后"父母"如实反映所听到的，说出"孩子"心中可能的感觉。避免出意见或给安慰 —— 那放到稍后比较合适。

例如：孩子："我们班上每一个人都画得比我好。"
父母："听起来好像你觉得画画很难。"

然后"孩子"指出"父母"了解得对不对。接着"父母"再次作如实反映。

例如：孩子："嗯，老师要我们画的，我一点都画不出来。"
父母："那你一定觉得很烦喔。"

对话持续一、两分钟，然后交换角色。使用另一句话起头，遵循上述指示演练下去。

演练以后，讨论：作为"孩子"，在你讲话时有父母聆听的感觉如何？作为"父母"，如实反映孩子的感受难不难？

2. 你是否已经养成对某个孩子偏心的不良习惯？例如：对某个孩子讲话比较注意听，对另一个孩子讲话则不太留意？

_____

_____

10周课程使用

小组讨论

1. 在练习反映式聆听时，被人聆听的感受如何？

_____

_____

2. 有什么能帮助你有效地聆听孩子的心声，尤其当他们在表达负面情绪如受伤、生气、失望或难过时？

_____

_____

3. 孩子们吵架的主要原因是什么？（如果你只有一个孩子，可以想想你的孩子和其他小朋友的关系。）

_____

_____

请翻面 ⇨

4. 如何帮助他们和谐相处？

_____

_____

_____

家庭作业—— 完成第57-58页的**练习1**

下集　处理怒气
（我们的和孩子的）

生气时无益的反应

- 有些人的反应像犀牛
  - 生气的时候就发动攻击，用侵略性的方式表达感受
- 有些人的反应像刺猬
  - 生气的时候就保护自己，把感受藏在心里

学会控制我们的怒气

1. 找出我们生气的根源

- HALT —— 自问：我是饿了、焦虑、孤单或累了？
- 错置的怒气：过去因某人引发的怒气被埋在心里，现在却引爆在别人身上
- 以饶恕来处理过去未解决的伤害

2. 给自己时间冷静下来

- 按暂停键
- 避免不分青红皂白的骤下结论

3. 针对行为，不要给孩子贴标签

- 避免说"你就是这么粗心大意"或"你怎么这么刻薄"之类的话。
- 孩子会相信这些标签

- 指出行为有助于改变，例如："这样做很粗心喔"或"说这种话很刻薄喔"

4. 说出"我"的感受
- 帮助我们避免给别人贴标签
- 孩子们较容易作出积极的反应，并改变行为

帮助孩子管理怒气

幼儿的闹脾气
- 这是二十个月大到四岁之间的幼儿正常的行为
- 不是你没养育好
- 别忘了HALT
- 预先制止（先发制人）—— 分心、选择、常规
- 碰到孩子大闹脾气的时候
  - 以面部表情和身体语言表示不为所动
  - 若在公共场所，要让孩子在你身边或紧紧抱住孩子，直到怒气平息为止
  - 一旦结束也不要表现出顿觉轻松的样子

较大的孩子（5-10岁）
- 解读每个孩子表现生气的方式
- 目标是教导他们"表达"，而不是要"攻击"或"压制"
- 帮助他们以适当的方式表达生气（用言词、和气地）
- 纠正粗暴、破坏性的行为、咒骂、伤害别人，等等 —— 不要对孩子置之不理
- 容许孩子表达负面情绪：受伤、难过、生气，等等
- 不许孩子表达或讨论，可能导致被动的攻击行为，亦即：利用负面行为以反击父母，比方拒绝沟通、拒绝合作或者故意惹人生气

- 如果问题是我们造成而导致孩子生气，那就要勇敢承认
- 不要因为孩子用不成熟的方式表达负面感受而惩罚他／她

教导孩子管理怒气

1. 明白这是个漫长的过程
- 至少需要18年！
- 帮助孩子明白碰到问题时，心平气和讲出来，比做出不良行为更有效

2. 设法找出孩子生气的根源
- 倾听孩子心声
- HALT—— 他们是饿了、焦虑、寂寞或累了？
- 找出根源并不容易
  - 他们自己可能也不知道
- 如果我们没有找出根源，他们可能会变得更生气、或更压抑情绪，导致日后更加不听话
- 营造开诚布公的环境以鼓励孩子愿意沟通

3. 以身作则，化解冲突
- 让孩子看到，你们身为父母如何解决冲突，重归于好
- 作父母的犯了错，一定要跟孩子道歉
- 当孩子犯了错，我们一定要原谅
- 不要让伤害和隐藏的怒气溃烂恶化

小组讨论

1.（胸中充满怒气时）你的反应比较像犀牛还是刺猬？

_____

_____

2. 有什么办法能帮助你以建设性的方式表达怒气？

_____

_____

3. 每个孩子生气的时候各有什么不同的反应？

_____

_____

4. 你该怎样帮助他们有效地表达怒气？

_____

_____

5. 有什么能帮助你有效地倾听孩子心声，尤其当他们在表达负面情绪如受伤、
   生气、失望或难过时？

_____

_____

请翻面 ⇨

6. 有什么能帮助你的孩子们和谐相处？

_____

_____

家庭作业—— 完成第57-60页的**练习1**和**练习2**

10周课程使用
小组讨论

1. （胸中充满怒气时）你的反应比较像犀牛还是刺猬？

_____

_____

2. 有什么能帮助你以建设性的方式表达怒气？

_____

_____

3. 每个孩子生气的时候各有什么不同的反应？

_____

_____

4. 你该怎样帮助他们有效地表达怒气？

_____

_____

5. 你如何以身作则，给孩子一个化解冲突的好榜样？

_____

_____

家庭作业——完成第58-60页的**练习2**

家庭作业 ✎

练习 1

承认感受

- 请看孩子们所说的话
- 然后用一个形容词来描述孩子可能的感受
- 接着用那个形容词想出一种反应来，表示你了解孩子的感受，进而帮助孩子为自己的感受命名
- 避免出意见或给安慰——那等稍后一些再做

孩子的话	孩子的感觉 （一个词）	父母的反应
例子		
"公车司机对我大吼，大家都在笑。"	尴尬	"听起来好像很尴尬"
1. "我很想给迈克一拳，打歪他鼻子！"		
2. "才不过下一点小雨而已，老师就说不能去郊游了，她好无聊喔。"		
3. "凯利邀我参加她的聚会，可我不知道该不该去……"		
4. "真不知道老师为什么偏在周末安排这么多的作业！"		

请翻面 ⇨

练习1（接上页）

孩子的话	孩子的感觉 （一个词）	父母的反应
5. "今天我们练球的时候，我一直漏接，被踢进了好几分。"		
6. "谢莉要搬家了，她是我最好的朋友。"		

练习2

帮助孩子处理怒气

☑ 面对以下状况，该如何处理？请在你认为有帮助的选项上打勾：

1. 你的两个孩子都在车上，都想看同一本书，他们抢来抢去的时候，书本掉到地板上。他们越吵越厉害，一个孩子动手打了另一个，另一个孩子出拳反击，还用力抓了对方一把，两人都气得面红耳赤，而你根本没法专心开车。

　□　马上停车，把书拿过来

　□　告诉他们如果不吵架而且轮流看，才把书还给他们

　□　要他们互相道歉

　□　把收音机的音量转大声，不管他们

　□　提议玩别的游戏，如"我看见"，转移他们的注意力

　□　其他点子_____

练习 2（接上页）

2. 你5岁的孩子正聚精会神搭积木（Lego），这是一座复杂精细的城堡。出门的时间到了，他不肯走。你告诉他非出门不可了—— 现在！他说："不要！"语气坚决。你告诉他说，没有别的选择。他的反应是赖在地上，乱踢一阵，结果踢到他的城堡，整个散掉了。这下他更生气了，因为他好不容易盖好的城堡坍塌了。

- ☐ 把他从地上扶起来，然后离开，让他自己冷静下来

- ☐ 告诉他回来后你会帮他再盖一座城堡，把他从地上扶起来，然后离开

- ☐ 冷静地对他说等你回来的时候，他自己要把乐高收好，然后离开

- ☐ 决定下一次你会提前五分钟提醒他快要出门了

- ☐ 其他点子_____

3. 你8岁的儿子放学回家，一副心情很差的样子。你问："怎么啦？""没事，"他说："走开啦！"然后走过去踢地上的玩具，又用手去戳婴儿。你看得出他不开心，但你不接受他这种行为。你问他今天学校发生什么事，他很没礼貌地回答："我才不要告诉你。"他进房间，开始踢门，又朝楼上的窗户扔球。

- ☐ 给他15分钟左右的时间冷静，然后再想办法问出到底出了什么事

- ☐ 告诉他你知道他很不高兴，但是他不可以打破或弄坏任何东西，用柔软的东西换他手上的球

- ☐ 告诉他必须待在自己的房间，直到愿意好好谈这件事，而不是乱丢东西或伤害别人，才能出来

- ☐ 就寝时间再次询问到底是什么让他不高兴，好好跟他讲为什么他刚才的行为是错误的

- ☐ 其他点子_____

请翻面 ⇨

4. 你们在超级市场，而你已经相当疲累！你把三岁的孩子放在手推车里—— 她也已经累了！你开始把食品一样样放进推车。她看到架上的巧克力饼干，就说："我要买那个。"你告诉她家里还有，等会儿回家吃。她看到薯片又叫道："我要买那个。"你跟她说不行买。她开始使性子，这时她瞄到在别的推车里有个小朋友在吃糖果，就开始放声大哭。

☐ 假装没听到孩子的哭闹，对别的顾客报以微笑，表示这是完全正常的情况，并且一切都在你的掌控中

☐ 告诉她不哭的话就可以买一盒葡萄干给她

☐ 设法转移她的注意力，问她想买什么口味的酸奶？或晚餐想吃点什么？

☐ 想一个超市里的游戏，比方"你猜我们转到隔壁走道时会不会看见一个戴眼镜／带玩具熊／带只狗的爷爷／叔叔"（请注意这个伎俩约仅能维持5分钟的平静）

☐ 下次要选孩子不那么累的时候去超市，而且先跟她讲好你在购物时她可以吃什么，例如：一些面包或葡萄

☐ 其他点子＿＿＿＿＿＿＿＿＿＿＿＿＿＿＿＿＿＿＿＿＿＿＿

5

父母的长期
目标

复习

第一课—— 建立稳固的根基

家庭的目的
- 家庭提供支持
- 家庭提供乐趣
- 家庭提供道德指标
- 家庭提供与人相处的榜样
- 建立健康的家庭生活
- 健康的玩
- 健康的情感连结
- 健康的作息时间
  - 每日：用餐时间／就寝时间
  - 每周：创造一起欢乐的"家庭时间"

第二课—— 满足儿女的需求

- 我们的孩子有"情感水槽"，需要常保盈满
- 五种表达爱的方式
  - 肯定的言词
  - 爱的肢体接触
  - 特别的时光
  - 精心的礼物
  - 贴心的行动

第三课—— 为儿女立界线

- 为孩子立适当的界线很重要

- 行为有界线可培养孩子的自律、尊重权柄，以及安全感
- 表现温暖与严格（权柄型的养育风格）
- "正确选择"与"错误选择"
- 父母同心协力管教子女

第四课——教导健康的人际关系

- 身教胜于言教
- 示范有效的沟通——倾听孩子说话，谈他们的感受，帮助他们表达感受
- 帮助他们用适当的方式表达生气
- 让他们看到你化解冲突的方式
- 示范道歉与饶恕
- 让他们跟手足或其他孩子练习化解冲突

上集　鼓励孩子负责任

为健康的独立而训练我们的孩子

- 孩子不是专属于父母的私有财产
- 我们要帮助孩子培养自制力，不需要一直倚赖父母的管教
- 父母有时很难放手
- 为期18年的渐进过程
- 容许他们自己作决定并从所犯的错误中学习
- 不健康的控制可能源于好面子、怕失败、压力或完美主义

不健康控制的症状

1. 完全控管孩子的生活

- "直升机父母"——盘旋在孩子上方，孩子没机会学习自己思考

2. 过度要求孩子竞争

- 给孩子太多不必要的压力

3. 把孩子的日程表排得太满

- 原因可能是害怕孩子落后、或比不上别的孩子

4. 过度保护孩子，总是帮他们救火

- 导致孩子不需要负责任，也没有从犯错中学到教训
- 要让孩子逐渐为自己负责
- 把讯息和价值观传递给他们，给他们一个道德的框架，作行为依据

帮助孩子作好的选择

1. 性

- 点滴渐进式地给予资讯
- 回答他们的问题
- 善用谈话的机会，例如：杂志的文章、电视节目、电影等等
- 谈论"对与不对的肢体接触"
- 在他们进入青春期之前就找本好书给他们读，并表示愿意和他们讨论书中内容

2. 网络与电子游戏

- 提醒孩子利弊与危险
- 家中电脑安装网站过滤软件
- 把电脑放在起居室（客厅）
- 执行时间限制 —— 上网和玩电脑游戏都要有时间限制

笔记

SMART安全上网聪明守则
（和你的孩子一起讨论）

S　SAFE 安全—— 谨慎留意，以保安全，无论在聊天室或张贴东西到网上，都不要留下个人资讯。个人资讯包括电子邮件地址、电话号码和密码。

M　MEETING 见面—— 跟网友见面可能会有危险，只有在父母或照顾你的人同意之下才可以答应赴约，但就算要赴约，也要家长陪同。别忘了，虽然你跟网友在网上交谈很长一段时间，其实对方仍是陌生人。

A　ACCEPTING 接受—— 接受你并不认识也不信任的人传给你的电子邮件、即时通信息、或打开附档、照片或文字档，都可能会有问题，里面可能含有病毒或不堪入目的信息。

R　RELIABLE 可信度—— 网上的人可能捏造身分，所提供资讯也不一定是真实的。一定要从其他网站、书籍或向你认识的人去查证。上网跟人聊天最好仅限于你在真实世界所认识的亲友。

T　TELL 告诉—— 如果有什么事令你感觉不舒服或担心，或是如果你或你的朋友在网上被人霸凌，一定要告诉你的父母、或照顾你的人、或可信任的大人。

3. 毒品与酒精
- 在孩子整个成长过程中要经常和他们谈论
- 让他们了解正确资讯，懂得保护自己

练习

逐渐放手

1. 每一天平均让孩子自己玩的时间有多长?

每天＿＿＿＿分钟

2. 哪三方面是你鼓励孩子随着年龄成长而要逐渐独立的?

i.＿＿＿＿＿＿＿＿＿＿＿＿＿＿＿＿＿＿＿＿＿＿＿＿＿＿

ii.＿＿＿＿＿＿＿＿＿＿＿＿＿＿＿＿＿＿＿＿＿＿＿＿＿

iii.＿＿＿＿＿＿＿＿＿＿＿＿＿＿＿＿＿＿＿＿＿＿＿＿＿

3. 上一次你让孩子从犯错中学习教训是什么时候?

＿＿＿＿＿＿＿＿＿＿＿＿＿＿＿＿＿＿＿＿＿＿＿＿＿＿＿＿

4. 你是否看出自己在以下方面倾向于不健康的控制:

☐ 完全控管孩子的生活?

☐ 过度要求孩子和别人竞争?

☐ 把孩子的日程表排得太满?

☐ 过度保护孩子,总是帮他救火?

不论勾选上述哪一项,请问你可以如何改变?

＿＿＿＿＿＿＿＿＿＿＿＿＿＿＿＿＿＿＿＿＿＿＿＿＿＿＿＿

＿＿＿＿＿＿＿＿＿＿＿＿＿＿＿＿＿＿＿＿＿＿＿＿＿＿＿＿

找一、两个人讨论你们想要作的改变。

小组讨论

1. "逐渐放手"练习中的哪个部分给你的启发最大？

_____

_____

2. 你要如何容许孩子从犯错中学习，同时又能保护他们？

_____

_____

3. 随着孩子渐渐长大，你要如何将你对于性的价值观传递给孩子？

_____

_____

4. 你该怎么限制孩子上网和玩电子游戏的时间，你如何保护他们的网路安全？
   （请参考SMART指导原则）

_____

_____

5. 你要如何培养孩子健康的心态，以面对毒品和酒精？

_____

_____

家庭作业—— 完成第73-74页的**练习1和2**

下集　传承信仰与价值观

如何传承信仰和价值观？

- 价值观就是我们认为最重要的事，它会在我们怎么使用时间、金钱与精力方面反映出来
- 我们示范给孩子看的价值观是什么？
- "观念上的价值观"和"实际的价值观"
- 价值观来自我们的核心信念

1. 回答孩子关于人生的问题

- 给孩子一个大架构，让他们了解生命的真谛
- 我们为何来到世上？
- 人死了以后会怎样？
- 有一位神吗？

2. 我们的家庭环境

- 让你的家成为孩子想回来的地方，在这里：
  - 他们可以摆脱束缚，作自由的个体
  - 有界线但不是律法主义
  - 有纪律但不是独裁
  - 鼓励比批评多
  - 有很多欢笑
  - 感谢比抱怨和怪罪多
  - 有道歉与饶恕，也有重新开始的机会
- 传承信仰，身教比用言教更有效
- 孩子心目中上帝的形象首先是依据父母对待他们的方式来塑造的
- 让孩子看到无条件的爱

3. 得到他人的支持

- 家族中的其他人
- 其他好榜样

4. 传递我们的金钱观
- 广告与名人文化带给孩子和父母的压力
- 让孩子自己选择应该如何花零用钱
  - 该存多少、花多少、奉献多少
- 教导慷慨助人、良好的管理，以及诚实
- 帮助孩子体会"延迟满足"的价值
- 示范对财物的健康态度

5. 为孩子祷告
- 永不嫌早（请看圣经路加福音1章44节，施洗约翰在母腹中的记载）
- 永不嫌晚（请看圣经路加福音15章11-24节，浪子的比喻）
- 将恐惧和渴望化为祷告
- 何时祷告：
  - 孩子睡前带着他们一起祷告
  - 教导他们祷告（感谢、对不起、请）
  - 我们自己要祷告
  - 找其他人一起祷告
  - 堵车、做家务时
  - 心中被催促时（往往可能是孩子即将发生危险或受引诱）
  - 每一天
- 祈求什么：
  - 友谊
  - 学校
  - 孩子的健康
  - 孩子的安全
  - 孩子将来的另一半（绝大多数的孩子将来会进入婚姻，所以他们的另一半很可能已经存在世上某个地方）
  - 孩子回应神的爱
  - 孩子的品格，参照圣灵的果子来祈求："仁爱、喜乐、和平、忍耐、恩慈、良善、信实、温柔、节制"（请看圣经加拉太书5章22节）

- 和孩子一起祷告，尤其在睡前
- 为自己为人父母的身份祷告

6. 培养家庭的传统、常规与惯例
- 传统创造对家庭的认同感
- 帮助孩子有归属感
- 正面的传统加强我们的价值观
- 孩子会有安全感，在必要时更能抵制来自同伴的压力
- 每日固定作息时间（参见第一课）
- 每周传统
  - 家庭之夜（参见第一课）
  - 周末
  - 上教会
- 每年传统
  - 全家度假
  - 生日
  - 圣诞节和其他节日
  - 标记季节

笔记

5周课程使用

小组讨论

家庭传统与惯例

1. 你自己有什么每日、每周或每年的传统与惯例?

每日:

   1._____

   2._____

   3._____

每周:

   1._____

   2._____

   3._____

每年:

   1._____

   2._____

   3._____

2. 你有无任何需要丢弃的"不良"习惯?(亦即对你的孩子或家庭生活有害的习惯,例如边吃饭边看电视)

_____

3. 从本课的谈话，以及与其他父母的讨论中，你可以培养什么新的惯例？

每日：_____

每周：_____

每年：_____

4. 金钱方面，你希望传递给孩子什么样的价值观？

_____

家庭作业—— 完成第73-74页的**练习1-3**

10周课程使用
小组讨论

家庭传统与惯例：

1. 你自己有什么每天、每周或每年的传统和惯例？

每日：

1._____

2._____

3._____

每周：

1._____

2._____

3._____

请翻面 ⇨

每年：

   1. _____

   2. _____

   3. _____

2. 你有无任何需要丢弃的"不良"习惯？（亦即对你的孩子或家庭生活有害的习惯，例如边吃饭边看电视）

_____

3. 从本课的谈话，以及与其他父母的讨论中，你可以培养什么新的惯例？

   每日：_____

   每周：_____

   每年：_____

4.金钱方面，你希望能传递给孩子什么样的价值观？

_____

家庭作业——完成第74页的练习**3**

家庭作业 ✏

练习 1

塑造品格

请依照重要性的顺序，写出五项你最希望在孩子身上看到的品格／价值观（例如：恩慈、忠诚、自制、乐观、诚实、快乐、幽默感、有礼貌、感恩、尊重、慷慨、谦卑和温柔）

1. _____

2. _____

3. _____

4. _____

5. _____

练习 2

信仰与价值观的传承

1. 你希望把哪些最重要的信念与价值观传给你的孩子？

_____

_____

2. 你要如何以身作则？

_____

_____

请翻面 ⇨

练习 2（接上页）

3. 有没有其他方法有助于信仰与价值观的传承?

_____

_____

练习 3

养育孩子的目标

请写下你从养育孩子课程中学到、或被提醒的三件最重要的事情:

1. _____

2. _____

3. _____

请写下你上完课程后想要作、或已经作的改变:

1. _____

2. _____

3. _____

课程嘉宾

我们对现身于DVD，分享亲身经验的父母和孩子表达真挚感谢，以下用粗黑字体表示的名字为主要受访的家庭成员。

Annie 和 **Silas**
Jessie (19) Zac (18) Mo (16) Minnie (15) Tallulah (13)

Barbara 和 Sam
Samuel (6)

Con 和 **Madeleine**
Henry (15) **Amelia (12)** Tom (11) **Charlie (7)** Johnnie (18个月)

Dianne 和 **Alan**
Neil (12) Jacob (10) Oliver (4)
Dianne和Alan家的三个男孩都是领养的

Eli 和 Jon
Noelle (15) Jocosa (2)
Eli 以单亲身分独自抚养 Noelle 多年，现在她嫁给了 Jon, Jocosa 是他们生的孩子。

John 和 **Krista**
Owen (10) Matt (8)
John 和 Krista 从前段婚姻有四个孩子，年龄从17至20岁不等。

Joy
Abigail (11) Joshua (9) **Hannah (8)**
Joy 是单亲妈妈

Karen 和 Paul
Liam (23) Christian (21) Hannah (18)

Mandie 和 **Mark**
Matthew (8) Emma (6)

Niyi 和 **Oyinkan**
Tosin (13) Obafemi (9) Adeolu (6)

Pandora
四名子女皆已长大成人
Pandora 是单亲妈妈

Paul 和 **Philomena**
Patrick (16) **Emily (15) Johnnie (11) Max (10)**

Phil 和 **Ici**
Lauren (10) Lukas (10) Josiah (7)
Lukas 是 Ici 的侄儿，现在他和他们住在一起，像直系亲属一样。

Rachel 和 **Sam**
Caleb (6) Levi (4) Talitha (6 个月)

Sam 和 **Archie**
Charlie (9) Genie (7) Joel (6) Theo (3)

Shona
Ashlyn (6) RJ (3)
Shona 是单亲

请翻面 ⇨

Sijeong 和 **Woodug**
Eunchan (4) Eunchae (2)

Taryn 和 **Mark**
Caleb (6) Ella (4) Asher (2)

Tony
Ciara (13) Orla (11) Ruairi (7)
Tony是单亲，配偶已逝。

Will 和 Ali
Bart (8) Fergus (6)

附录 2

养育专家

非常感谢以下养育"专家们"慷慨提供意见，并在DVD上现身说法。如欲了解他们的机构和出版品，请看以下联络数据。（注：以下书籍除注明中文版出版社之外，其他书名均为暂译，因无中文版。）

哈利·班森（Harry Benson） —— 布里斯托小区家庭信托基金会（Bristol Community Family Trust）创办人；投入家庭政策、研究与关系课程多年；著有《让我们粘在一起：新手父母关系簿》（*Let's Stick Together: The Relationship Book For New Parents*）。网址：**bcft.co.uk**

卢欣妲·菲尔（Lucinda Fell） —— 国际儿童网（Childnet International）的政策与沟通主任，国际儿童网是非营利组织，旨在协助使网际网路成为对儿童青少年的一个安全又好玩的地方。如欲取得儿童网的广大资源，以支援父母和照顾者，请上官网：**childnet.com** 与 **kidsmart.org**

葛妮丝·顾德（Glynis Good） —— 夫妻与家庭关系谘商师，定居于爱尔兰的都伯林，尤其关注支持年轻人度过父母分开的冲击和难关；著有《当父母离婚：给青少年的支持、资讯和鼓励》（*When Parents SPLIT: Support, information and encouragement for teenagers*）。网址：**whenparentssplit.com**

茱莉·姜森（Julie Johnson） —— PSHE顾问暨培训师；在英国伦敦地区和各地举办亲职工作坊；儿童与青少年家庭谘商师；人类天赋资源治疗师（Human Givens therapist）；专门处理有关成长和青春期问题、霸凌、失去和改变，包括失亲和父母离婚；著有《生气》（*Being Angry*）、《霸凌与帮派》（*Bullies and Gangs*）（这两本书皆属于给5至10岁儿童的〈想法和感觉〉系列，出版社：Franklin Watts，以及《我对我的继亲家庭感觉如何》（*How Do I Feel About My Stepfamily*）。电邮地址：**julie.johnson@virgin.net**

提摩希·姜斯（Timothy Johns） —— 私立山楂学校校长（Headmaster, The Hawthorns School, Bletchingly, Surrey RH1 4QJ），一所提供2至13岁儿童的学校（男女兼收、不供住宿）。

请翻面 ⇨

苏·帕嫚（Sue Palmer） —— 曾任校长；教育家，教育顾问，专长识字训练；著有《Toxic Childhood》、《E化孩子的聪明教育—— 电子时代的解毒妙方》（Detoxing Childhood）、和《二十一世纪少年》（21st Century Boys）。网址：**suepalmer.co.uk**

罗伯·帕森斯（Rob Parsons） —— "关怀家庭"机构（Care for the Family）主席暨创办人；著有《60分钟父亲》（The Sixty Minute Father）和《青少年：每个父母不可不知的事》（Teenagers: what every parent has to know）等多本亲职好书；以家庭生活与企业为主题的国际讲员。如欲获得家庭生活各领域的相关资源与支援，请上官网：**careforthefamily.org.uk**。

艾立克·西格玛博士（Dr Aric Sigman） —— 心理学家；生物学家；广播节目主持人；商业演讲人；著有：《被摇控器控制的人生》（Remotely Controlled: How television is damaging our lives）、《爱孩子，就是要管教！—— 帮助孩子走向自律的12个爱的管教》（The Spoilt Generation: Why restoring authority will make our children and society happier），以及《饮酒之国：在今日的饮酒文化下如何保护我们的孩子》（Alcohol Nation: How to protect our children from today's drinking culture）。网址：**aricsigman.com**

派蒂·斯普菁博士（Dr Pat Spungin） —— 儿童心理学家与家庭生活专家；著有《平安夜》（Silent Nights）、《海恩斯青少年手册：父母实用指南》（The Haynes Teenager Manual: The practical guide for all parents）、《给父母的手足养育指南》（The Parentalk Guide to Brothers and Sisters）（与维多莉亚·理察森Victoria Richardson合著），以及《了解你的家人》（Understand Your Family）（顾问编辑）网址：**drpatspungin.co.uk**

附录 3

推荐阅读

本课程书籍：

《亲子教育（暂译）》（*The Parenting Book*）
李力奇及希拉夫妇著（启发国际，2009）
by Nicky & Sila Lee (Alpha International, 2009)

其他书籍（按作者英文姓氏顺序）：

（注：以下书籍除注明中文版出版社之外，其他书名均为暂译，因无中文版。）

365儿童圣经故事（*The Children's Bible in 365 Stories*）
派蒂·亚历山大著
by Pat Alexander (Lion, 2001)

如何爱你的孩子（*How to Really Love Your Child*）
罗斯·甘伯医生著（大光出版社）
by Ross Campbell, M.D. (Cook Communications Ministries, 1992)

愤怒，爱的另一面（*Anger: Handling a Powerful Emotion in a Healthy Way*）
盖瑞·查普曼著（世界知识出版社）
by Gary Chapman (Northfield Publishing, 2007)

儿童爱之语（*The Five Love Languages of Children*）
盖瑞·查普曼著（中国主日学协会出版）
by Gary Chapman and Ross Campbell, M.D. (Northfield Publishing, 1997)

是谁造了我？（*Who Made Me?*）
梅尔康、梅丽儿 著（光启文化事业出版）
by Malcolm & Meryl Doney (Candle Books, 2006)

我的身体是神奇妙的设计（*What is God's Design for My Body?*）
苏珊·霍纳 著
by Susan Horner (Moody Publishers, 2004)

美满婚姻（*The Marriage Book*）
李力奇及希拉夫妇著（启发国际，2009）
by Nicky & Sila Lee (Alpha International, 2009)

有毒童年（*Toxic Childhood*）
苏·帕嫚 著
by Sue Palmer (Orion Books, 2006)

60分钟家庭（*The Sixty Minute Family*）
罗伯·帕森斯 著
by Rob Parsons (Lion, 2010)

60分钟父亲（*The Sixty Minute Father*）
罗伯·帕森斯 著
by Rob Parsons (Hodder & Stoughton, 1995)

60分钟母亲（*The Sixty Minute Mother*）
罗伯·帕森斯 著
by Rob Parsons (Hodder & Stoughton, 2009)

小宝贝的圣经（*Baby Boy Bible/Baby Girl Bible*）
莎拉·陶明 著（宗教教育中心）
by Sarah Toulmin (Good Books, 2007)

小宝贝的祈祷（*Baby Prayers*）
莎拉·陶明 著（宗教教育中心）
by Sarah Toulmin (Good Books, 2008)

relationshipcentral.org

如果你有兴趣更多了解有关儿童亲子教育课程或
青少年亲子教育课程，上课地点，或如何开设课程，
请连络：

启发课程办公室
Alpha Malaysia
Rooftop (8th floor) Lot 10 Shopping Centre,
50 Jalan Sultan Ismail,
50250 Kuala Lumpur, Malaysia
Email: info@alpha.org.my
alpha.org/malaysia

如果你有兴趣了解有关基督信仰的事，并希望能与你附近
举办启发课程的地点连系，亦请先连络

启发课程办公室

我们会为你详尽说明与安排联系